www.ingramcontent.com/pod-product-compliance
Lightning Source LLC
LaVergne TN
LVHW010108230826
846091LV00005B/2139

(*Extrait de la* Revue Catholique de Normandie, *année 1915*.)

SOUS LOUIS XIII

FRAGMENTS INÉDITS

DES MÉMOIRES ET DES LETTRES

DU P. CAUSSIN

PUBLIÉS ET ANNOTÉS

PAR

Louis RÉGNIER

Richelieu, le P. Caussin, Sublet de Noyers et M. de Tréville. — Lettres du P. Caussin à Sublet de Noyers et à M. de Tréville. — Le manuscrit des Mémoires et des Lettres du P. Caussin conservé à Louviers. — Un *Tableau de Paris* vers 1640.

PARIS
ÉDOUARD CHAMPION
LIBRAIRE
5, quai Malaquais

ROUEN
A. LESTRINGANT
LIBRAIRE
11, rue Jeanne d'Arc

1915

SOUS LOUIS XIII

Fragments inédits des Mémoires et des Lettres DU P. CAUSSIN

I

Richelieu, le P. Caussin, Sublet de Noyers et M. de Tréville.

En dépit des apparences, les titres qui précèdent n'annoncent rien de bien important, ni de bien nouveau, rien qui puisse enrichir la grande histoire. Le lecteur ne trouvera ci-après que deux ou trois textes assez curieux, propres à éclairer les arrière-plans de la scène entre les années 1637 et 1645, puis quelques notes relatives à la même période, les uns et les autres recueillis, en des heures de loisir, dans un manuscrit à ma portée.

On connaît l'aventure du P. Caussin. On sait comment ce religieux, membre de la Compagnie de Jésus, devint en mars 1637 le confesseur de Louis XIII et voulut se faire auprès du souverain l'instrument des cabales qui s'agitaient contre le cardinal de Richelieu. Certes, aux yeux de sa conscience et de sa foi, ses intentions étaient bonnes; mais il oubliait que le chef d'un grand royaume n'est pas un simple particulier et qu'il lui incombe d'autres responsabilités et d'autres devoirs. Avec plus de largeur d'esprit, le souvenir des troubles qui, sous la régence et pendant la première moitié du règne, avaient failli faire revivre des jours odieux, aurait pu suffire à éclairer le P. Caussin sur la portée des doctrines gouvernementales de Richelieu. Quoi qu'il en soit, le cardinal balaya ce gêneur et l'envoya conspirer en Bretagne. Relégué d'abord à Rennes, puis à Quimper, le P. Caussin écrivit à tout le monde d'interminables lettres, pour protester de la pureté de ses intentions, de la droiture de sa conduite, auxquelles

il opposait sans aucun ménagement la conduite, les principes, les défauts, les vices, les crimes du cardinal. Il essaya même de montrer au ministre personnellement combien ce grand politique faisait fausse route. Quoiqu'on en ait dit, en effet, il faut croire à l'authenticité de la lettre que le P. Caussin aurait, dit-on, adressée à Richelieu et qui a été imprimée longtemps après (1). Quelques-unes de ces lettres furent aussitôt copiées et recueillies par diverses personnes. Un des recueils ainsi formés, et peut-être le plus complet de tous, faisait partie, avant la Révolution, de la bibliothèque d'une chartreuse normande, celle de Bourbon-lès-Gaillon (2). Il a, depuis, trouvé un asile à la bibliothèque publique de Louviers (3).

J'y avais remarqué, il y a plusieurs années, la lettre écrite par Caussin à « Monsieur Desnoyers », c'est-à-dire à François Sublet, seigneur de Noyers, personnage intéressant dont je venais d'esquisser la biographie à propos de la part qu'il prit à la fondation d'un couvent de carmélites dans la petite ville de Gisors (4). J'avais copié quelques passages de la lettre, écrite dans un style dont la banale facilité, les redondances, les multiples images me parurent tout d'abord destinées à rebuter le lecteur le plus patient. Je revins cependant plusieurs fois au manuscrit, aux lettres qui précédaient, à celles qui suivaient. Je m'attachai, par exemple, à celle qui porte le nom de « M. de Ireville », pensant reconnaître en ce confident du P. Caussin un magistrat normand, seigneur d'une paroisse voisine d'Evreux. Bref, je crois avoir tout lu, mais je me suis bien gardé de tout copier. Certes, le recueil mérite

---

(1) *Lettre du Père Caussin, jésuite, confesseur de Louis XIII, à Monseigneur le cardinal de Richelieu.* (S. l. n. d. In-12, 78 pages.) — Dans l'*Avertissement*, daté de « juillet 1773 », cette lettre est dite imprimée d'après un manuscrit.

(2) La chartreuse de Bourbon s'élevait dans la vallée de la Seine, sur le territoire de la paroisse d'Aubevoie (aujourd'hui commune du canton de Gaillon, arrondissement de Louviers, département de l'Eure). Il ne reste plus du monastère que les murs de clôture.

(3) Ms. n° 17.

(4) *Les Carmélites de Gisors* (1631-1792), dans *Mémoires de la Société historique et archéologique de Pontoise et du Vexin*, t. XXII (Pontoise, 1900), et tiré à part avec additions.

d'attirer l'attention parce qu'on y trouve exprimée, — sous infiniment trop de formes, — l'opinion que pouvaient avoir du cardinal de Richelieu les contemporains non initiés aux affaires de l'Etat. Il ne faut pas se dissimuler, en effet, que les sentiments du P. Caussin devaient alors paraître justifiés aux yeux de bien des gens; mais la postérité a donné raison au cardinal, dont la politique, tout impitoyable qu'elle se soit montrée, est aujourd'hui regardée comme ayant été une politique nécessaire. Ai-je besoin de rappeler la page dans laquelle Cousin a parfaitement expliqué la différence des appréciations par la différence des points de vue? « Le despotisme, dit-il, a besoin d'être vu à distance. » (1)

Peut-être quelques personnes prendront-elles un peu d'intérêt à lire les deux lettres écrites par le P. Caussin à M. de Noyers et au prétendu « M. de Ireville », qui, pour le dire tout de suite, n'est autre que M. de Tréville, le capitaine-lieutenant des mousquetaires. C'est dans cet espoir que j'imprime ici les principaux passages de la première et la presque totalité de la seconde, sacrifiant seulement les inutilités qui coulent comme de source sous la plume de l'auteur. Il est permis de dire que ces lettres sont inédites. A peine ont-elles été utilisées ou citées dans le livre intéressant, mais un peu confus, que le P. de Rochemonteix a consacré récemment aux dernières années de la vie du P. Caussin (2). Un très petit nombre d'autres ont été imprimées à diverses époques, et d'assez nombreux passages de toutes, — sauf précisément de celles que je publie (3), — sont reproduits dans l'ouvrage dont je viens de parler. Mais je dois rappeler ici en quelques mots les curieuses figures de M. de Noyers et de M. de Tréville (4).

François Sublet était né à Paris en 1589. Son père, Jean Sublet, seigneur de Noyers, près de Gisors, avait rempli les fonctions de

---

(1) *Madame de Hautefort*, 1856, éd. in-8, p. 18-20.

(2) *Nicolas Caussin, confesseur de Louis XIII, et le cardinal de Richelieu.* Paris, Picard, 1911 (in-8).

(3) Elles ne sont mentionnées ou citées qu'une fois chacune, p. 58 pour la première et p. 386 pour la seconde.

(4) Le P. de Rochemonteix, qui ne paraît pas avoir cherché à identifier ce correspondant du P. Caussin, écrit son nom : « M. d'Ireville », avec une apostrophe qui n'existe pas dans le manuscrit.

trésorier de France à Rouen et celles de maître des comptes. Par sa mère, Madeleine Bochart, François était le neveu du premier président Bochart de Champigny et le propre cousin de Richelieu. D'abord trésorier de France comme son père, il avait été successivement secrétaire de la chambre du roi et conseiller d'Etat, contrôleur général, puis intendant des finances. Zélé, intelligent, modeste, ayant la passion de l'ordre et le goût de l'économie, il plut à Richelieu et, tout au contraire du P. Caussin et de bien d'autres, il eut le mérite de comprendre le grand ministre. En 1636, il devient secrétaire d'Etat de la guerre, et, pendant six ans, Richelieu n'aura pas d'auxiliaire plus sûr et plus dévoué. C'est à ce moment même, en 1637, que se place l'épisode du P. Caussin. En 1638, Sublet ajoute à ses fonctions de ministre celles de surintendant des bâtiments. Après la mort du cardinal, il conserva la confiance de Louis XIII, à qui le rendaient sympathique ses habitudes de travail, sa piété et la régularité de ses mœurs; mais des dissentiments survinrent, et Sublet commit l'imprudence de prendre une retraite que personne ne lui imposait. Il devait mourir moins de trois ans après (20 octobre 1645), en son château de Dangu, sans avoir pu, malgré ses efforts, retrouver l'accès du pouvoir, soigneusement gardé par Mazarin. La lettre du P. Caussin, écrite entre 1638 et 1641 (1), est assez touchante. L'exilé voudrait arracher Sublet à la cour, le séparer de Richelieu. Il s'efforce de lui montrer les dangers que court l'âme de ceux qui se font, comme lui, les serviteurs du cardinal.

Le village d'Irreville, situé à moins de trois lieues d'Evreux, avait à cette époque pour seigneur un conseiller au parlement de Normandie, du nom de Jacques Fiset ou Fizet. J'avais cru d'abord que ce magistrat pouvait avoir été le personnage ennemi de Richelieu que le P. Caussin ou plutôt le copiste du manuscrit de Louviers appelle « M. de Ireville »; mais, après examen, cette identification me parut inadmissible. Le conseiller Fiset a fait si peu de

(1) Le P. Caussin y fait allusion à la construction par Richelieu de la façade de l'église Saint-Louis, dépendance de la maison professe des jésuites. En 1640, un historien contemporain, Claude Malingre, parle de cette façade comme d'un édifice terminé, mais l'église ne fut solennellement inaugurée qu'en 1641.

bruit dans le monde qu'il n'est même pas nommé dans les récits des troubles dont la Normandie fut le théâtre en 1639 et de la répression que devaient en opérer si durement le chancelier Séguier et le futur maréchal de Gassion. Il était impossible de supposer que ce M. d'Irreville normand eût pu solliciter de Louis XIII, après la mort de Richelieu, le retour du P. Caussin. Il fallait, de toute évidence, chercher parmi les gentilshommes habitant Paris et fréquentant la cour. Je pensai d'abord à un vaillant capitaine devenu conseiller d'Etat, François de Grolée, marquis de Viriville en Dauphiné. Ce nom de Viriville était souvent prononcé Vireville, et Tallemant des Réaux appelle même François de Grolée « le marquis d'Irville » (1). Mais je ne trouvai pas la preuve que ce personnage eût jamais, comme le correspondant du P. Caussin, essuyé les rigueurs de Richelieu.

Tout à coup, un nom me vint à la mémoire, un nom que la littérature populaire a rendu familier à nos contemporains, celui de M. de Tréville, le capitaine-lieutenant des mousquetaires dont Richelieu avait arraché l'ordre d'exil à la faiblesse de Louis XIII. Ce détail, auquel le P. Caussin fait allusion dans sa lettre, suffit à identifier le personnage; et tout aussitôt se trouvent expliqués de la manière la plus naturelle l'*e* si singulièrement placé devant le nom d'*Ireville* et l'orthographe même de ce nom, qui s'est toujours écrit avec deux *r* : ces incorrections résultent de la substitution d'un I au T initial par un scribe ignorant.

On lit ce qui suit au début des *Mémoires de M. d'Artagnan, capitaine-lieutenant de la première compagnie des mousquetaires du roi* sous Louis XIV (2) : « Un pauvre gentilhomme de notre voisinage (Charles de Baats-Castelmore, comte d'Artagnan, était du pays basque) s'en étoit allé à Paris, il y avoit quelques années, avec une petite male sur le dos, et il avoit fait une si grande fortune à la cour que, s'il eût été aussi souple qu'il avoit de courage, il n'y eût eu rien à quoi il n'eût pu aspirer. Le roi lui avoit donné sa compagnie des mousquetaires, qui étoit unique en ce tems-là (3).

(1) *Les Historiettes*, éd. Monmerqué et Paulin Pâris, t. VII, p. 324.

(2) Cologne, 1700, t. I, p. 2.

(3) On prit l'habitude de les appeler les mousquetaires gris ou grands mousquetaires quand fut créée, en 1660, la seconde compagnie, dite les

Sa Majesté disoit même, pour mieux témoigner l'estime qu'elle en faisoit, que si elle eût eu quelque combat particulier à faire, elle n'eût point voulu d'autre second que lui. Ce gentilhomme s'appeloit Troisville, vulgairement appellé Treville, et a eu deux enfans qui étoient assez bien faits, mais qui ont été bien éloignez de marcher sur ses traces. Ils vivent encore tous deux aujourd'hui. (1) »

Beaucoup plus près de l'histoire que *les Trois Mousquetaires*, les *Mémoires de M. d'Artagnan* n'en sont pas moins d'une exactitude très sujette à caution, et la part est difficile à faire des enjolivements dont se plut à les orner la plume féconde de Sandras de Courtilz. Mais, à l'exception de la pauvreté et de la malle portée sur le dos, tout ce que l'auteur dit de Tréville dans les lignes qui précèdent doit être vrai. Le caractère tout d'une pièce, — Tallemant dit même brutal (2), — du capitaine-lieutenant des mousquetaires, son inviolable fidélité à Louis XIII, se retrouvent mentionnés dans les autres mémoires du temps.

Arnaud (puis Armand-Jean) du Peyrer (puis de Peyré), seigneur de Troisvilles en Béarn, — ou Tréville, suivant la prononciation locale (3), — était le fils d'un riche marchand d'Oloron que l'acquisition d'une terre noble avait anobli. C'était possible, paraît-il, au pays basque. Né à Oloron en 1598 ou 1599, cadet aux gardes dès 1616, le jeune homme conquit tous ses grades militaires à la pointe de l'épée et déploya partout une bravoure que les contemporains sont unanimes à reconnaître. Il prit part à toutes les campagnes du règne de Louis XIII. Promu en 1625 sous-lieutenant

---

mousquetaires noirs. C'est en 1667 que D'Artagnan fut nommé capitaine-lieutenant des mousquetaires gris.

(1) L'aîné, Armand-Jean (1639-1700), était d'Eglise. Il mourut abbé commendataire de l'abbaye de Montierender, qu'il avait obtenue en 1657. Le cadet, Joseph-Henry (1641-1708), fut un homme de beaucoup d'esprit et de savoir que son orgueil rendit malheureusement insupportable à bien des gens et même à Louis XIV, qui refusa d'approuver son élection à l'Académie française. C'est l'*Arsène* des *Caractères* de La Bruyère (*Œuvres*, éd. Servois, t. I, p. 122 et 412-415).

(2) *Historiettes*, éd. Monmerqué et Paulin Pâris, t. V, p. 271.

(3) Basses-Pyrénées, arrondissement de Mauléon, canton de Tardets. — Sur les changements que M. de Tréville fit subir à son nom et même à ses prénoms, voir l'opuscule de M. de Jaurgain cité plus loin.

des mousquetaires, que le roi avait créés en 1622, lieutenant de la même compagnie en 1629, il en obtint le commandement de fait en 1634, le commandement de droit appartenant au souverain, avec le titre de capitaine. Enfin, Tréville fut, deux ans plus tard, créé maréchal de camp (1). Les sympathies que lui et quelques officiers du régiment des gardes avaient eues pour Cinq-Mars, leur attitude après l'exécution du jeune et malheureux conspirateur (12 septembre 1642), firent concevoir à Richelieu des craintes très vives. Le ministre crut son existence menacée, et il ne se sentit rassuré qu'après avoir obtenu de Louis XIII, à force d'instances, le renvoi de ceux qui peut-être lui avaient donné le droit de les considérer comme des ennemis personnels. Tréville, son beau-frère Des Essarts (2), Tilladet, Beaupuy, La Salle, durent quitter la cour. Tréville se vit assigner pour résidence l'abbaye de Montierender, en Champagne, dont un autre de ses beaux-frères était abbé (3). L'exil fut, d'ailleurs, pour tous de courte durée. Richelieu, à qui le roi avait donné satisfaction, non sans résistance (4), à la fin de novembre, mourut le 4 décembre.

A peine revenu, Tréville eut assez de générosité pour demander à Louis XIII de mettre un terme à l'exil du P. Caussin, et c'est ce dont l'ancien confesseur du roi le remercie par la lettre contenue au manuscrit de Louviers. Cette lettre est naturellement élogieuse pour le destinataire, que l'auteur proclame, de l' « approbation universelle », « un des plus accomplis gentilshommes que la France possède ».

En 1646, Mazarin fit supprimer les mousquetaires. On donna comme compensation au comte de Tréville, — la seigneurie de Tréville avait été érigée en comté par la régente au mois d'octobre

(1) Ses états de service sont dans la *Chronologie historique militaire* de Pinard, t. VI, p. 127-129.

(2) François de Guillon, capitaine aux gardes, seigneur des Essarts [en Hurepoix ?], dont Tréville avait épousé la sœur, Anne de Guillon.

(3) Antoine de Guillon.

(4) « Avec grand déplaisir, et même jusqu'à en répandre des larmes, » dit Montglat, qui raconte avec détails cet épisode dans ses *Mémoires*. (Coll. Petitot, t. XLIX, p. 392-395.) Voir aussi les *Lettres de Richelieu*, publiées par Avenel, t. VII, p. 163-170 et 173-181.

1643, — le gouvernement du pays de Foix, qu'il n'accepta qu'avec beaucoup de mauvaise humeur. Il avait des raisons de penser que cette suppression était un coup dirigé en partie contre lui. De fait, quand on rétablit les mousquetaires en 1657, ce fut au profit d'un neveu de Mazarin, le duc de Nevers, Philippe Mancini. Comme Tréville ne manqua pas de protester avec sa rudesse habituelle, la régente l'apaisa en le faisant chevalier de l'ordre du Saint-Esprit, mais il ne fut jamais reçu, n'ayant pu, sans doute, ainsi que le suppose un de ses rares biographes (1), faire les preuves des degrés de noblesse nécessaires. Il mourut le 8 mai 1672, à Trois-villes, dans le château qu'il s'était fait construire de 1660 à 1663 (2).

Quant à Nicolas Caussin, né à Troyes en 1583, de grands succès comme maître de rhétorique lui avaient donné quelque célébrité, mais c'était son renom de prédicateur, — renom très éphémère (3), — qui l'avait introduit à la cour. Il ne devait pas y rester un an (mars-décembre 1637). Obligé, comme je l'ai dit, de demeurer, sans en pouvoir sortir, dans la résidence que la Compagnie de Jésus possédait à Rennes, puis bientôt dans celle de Quimper, il ne put obtenir qu'au mois d'août 1643, trois mois après la mort de Louis XIII, la permission de revenir à Paris. Il y mourut, en la maison professe de son ordre, le 2 juillet 1651. Les ouvrages de piété, de théologie, de morale, de politique, qui avaient fait sa réputation parmi ses contemporains sont aujourd'hui bien oubliés,

---

(1) J.-B.-E. de Jaurgain, *Troisvilles, D'Artagnan et les trois mousquetaires*; Paris, s. d. (1884). (Extrait de la *Revue des Basses-Pyrénées et des Landes*, t. I.) — L'abbé Haristoy publia aussi, vers le même temps, une étude sur Tréville dans ses *Recherches historiques sur le pays basque*, t. II (Bayonne, 1884), p. 91-114.

(2) Haristoy, *op. cit.*, t. II, p. 112.

(3) L'éloquence du P. Caussin fut sévèrement et judicieusement jugée au XVIIIe siècle par le P. Blaise Gisbert, jésuite (1657-1731), auteur d'une *Histoire critique de la chaire françoise depuis François Ier*. Cet ouvrage, demeuré inachevé et dont il n'existe que des fragments, a été publié par le P. Henri Chérot dans la *Revue Bourdaloue* (Lille, in-8°) en 1902 et années suivantes. Le chapitre consacré au P. Caussin se trouve au volume de 1902, p. 414-426.

et peu de personnes auraient le courage de les lire. «Homme simple et honnête, courtisan maladroit et directeur imprudent, » tel le dépeint un de ses confrères du temps présent, le P. Chérot, qui ajoute : « Confiance naïve en soi, familiarité trop facile avec le roi, présomption dans les démarches qui ne redoute aucun désaveu, autant de traits permanents de caractère que l'occasion fera grandir. » (1)

Dans l'*Académie des sciences et des arts*, ouvrage d'Isaac et Jacques Bullart, *contenant les vies et les éloges historiques des hommes illustres*, on trouve sur le P. Caussin trois pages naturellement très favorables, mais inexactes et même mensongèrement imprécises, au moins sur un point. C'est avec étonnement qu'on lit, p. 224 : « La volonté de ses supérieurs et les désirs de Louis XIII l'ayant appellé à la cour pour estre le confesseur de ce prince, il accepta véritablement cette charge difficile, et l'exerça quelque temps avec beaucoup de prudence et de piété : mais voyant la maison royale dans la discorde, il la quitta avec cette mesme indifférence [qu'il professait pour toutes les choses du monde] et *retourna dans son couvent*, où, dégagé des troubles d'une cour profane, il donna toutes ses pensées à la composition de ce grand et merveilleux ouvrage de *la Cour sainte*, dans lequel il n'y a personne qui ne puisse trouver du plaisir et de l'instruction. »

Dans la circonstance, le seul mérite de l'ouvrage des Bullart, publié en 1682 (2), est de nous donner le portrait gravé du P. Caussin. Ce portrait, signé : *P. Clouwet fe* (3), montre un visage bien caractérisé, aux traits ascétiques, à l'expression naïve, mais entêtée, une physionomie enfin qui reste dans la mémoire. Le même portrait avait, d'ailleurs, paru déjà dans une édition de *la Cour sainte* donnée en 1664-1665 par le même imprimeur (4),

---

(1) Henri Chérot, *l'Éducation du grand Condé*, IV (1637-1643), 1894, p. 15.

(2) A Bruxelles, chez François Foppens. 2 vol. in-folio. La notice du P. Caussin occupe les p. 223-225 du t. II.

(3) Petrus Clouwet, graveur flamand mort en 1670.

(4) Il existe un autre portrait du P. Caussin gravé en 1651, l'année même de sa mort, par Michel Lasne, d'après une peinture de Lubin

avec un éloge du P. Caussin qui serait dû, paraît-il, à son confrère Philippe Labbe, mais où l'histoire n'a que peu de chose à prendre (1).

Aux deux lettres adressées à M. de Noyers et à M. de Tréville, j'ajouterai une notice sur le manuscrit de Louviers plus détaillée que celles précédemment données (2), et enfin j'emprunterai au P. Caussin les pages assez amusantes dans lesquelles, précurseur de Boileau et de Mercier, il fait le tableau très poussé au noir de l'aspect, des mœurs, de la vie de Paris sous le règne de Louis XIII. Le dépit de ne pouvoir vivre dans ce Paris si décrié donne de l'accent à son style d'ordinaire si diffus, de même que sa rancune contre Richelieu répand çà et là un assez vif intérêt dans le manuscrit de Louviers. Peut-être même pourrait-on tirer encore de ce recueil quelques pages utiles, à la condition de garder une grande réserve. Si supérieur à lui-même qu'il se montre parfois, le P. Caussin n'en redevient pas moins très vite ennuyeux, et sans doute la postérité ignorerait-elle à peu près son nom s'il n'avait eu, un jour, la mauvaise ou la bonne fortune de se heurter à son illustre contemporain Richelieu.

Baugin, dit *le Petit Guide*. On en signale même un troisième gravé plus tard par Desrochers. Les circonstances actuelles ne m'ont pas permis d'établir la relation de ces œuvres avec celle de Clouwet.

(1) *La Cour sainte du R. Pere Nicolas Caussin,... mise en sa derniere perfection... et augmentée de la vie de l'auteur...* A Bruxelles, chez François Foppens, imp. et lib., 1664. (2 vol. in-4°.) L'*Éloge du Reverend Pere Caussin* occupe huit pages en tête du tome premier, où figure aussi le portrait.

(2) L. Bréauté, *Catalogue de la bibliothèque de la ville de Louviers*, 1845, p. 374-375; H. Omont, *Catalogue des manuscrits des bibliothèques de Louviers et Verneuil (Eure)*, 1882 (extrait du *Cabinet historique*, nouv. sér., 1882); le même, dans *Catalogue général des manuscrits des bibliothèques publiques de France, Départements*, t. II, 1888, p. 369-370; le P. Camille de Rochemonteix, *op. cit.* p. XIV-XVIII.

II.

Lettre du P. Caussin à Sublet de Noyers.

(Ms. de Louviers, p. 175-185.)

« Monsieur,

. . . .

(P. 178 :) « ... Il arrive souvent que l'esprit d'erreur efface les lignes imprimées du doigt de la souveraine vérité, pour y placer des phantosmes dont les agréables illusions conduisent une ame esgarée au précipice par des chemins qui semblent tout tapissez de fleurs.

« C'est ce qui me faict frémir et trembler pour vous, vous voyant sorty de vostre condition et engagé au service d'un maistre qui, soubs couleur de religion et de piété, subjugue toutes vos puissances et vous divise d'avec vous mesme après vous avoir séparé de Dieu.

. . . .

(P. 179 :) « Je vous advoue que j'ay le cœur blessé d'une vive et perçante douleur lorsque je pense à vous, que je vous voy embarassé dans cette charge et pris de cette amitié... Qu'est devenu ce jugement si net, cette raison si esclairée, cette conscience si pure? Malheur sur toy, ô Ruel (1), tousjours fatal à la ruine (2) des gens de bien ! qui as infecté de tes charmes l'esprit qui paroissoit mesme innocent parmy les coupables. C'est chose estrange que tous les méchans se vendent le plus cherement qu'ils peuvent pour le vice ; vous este le seul qui vous y donnez gratuitement. Les uns y prétendent faire des fortunes toutes d'or, les autres s'y fugurent (*sic*)(3) des grandes richesses, les autres y veulent contenter leurs amours et assouvir leurs concupiscences, les autres y cherchent de quoy rasasier l'appétit qu'ils ont de se vanger de leurs ennemis ;

---

(1) On sait que le cardinal de Richelieu résidait assez habituellement au château de Rueil, entre Paris et Saint-Germain-en-Laye.

(2) Cette tournure était courante au XVIIe siècle. Voyez Littré, *Dictionn.*, au mot *fatal*.

(3) Voir plus loin, dans la notice sur le ms., ce qu'il est dit des copistes qui nous ont transmis ces lettres.

il n'y a que vous qui ne marchandez point avec l'iniquité et qui servez généreusement un maistre qui a le moins de générosité. Vous estes bon jusques dans le péché, et les vertus mesme de vos collegues ne vallent pas vos défaux. J'atteste l'ame de ce bon pere qui a expiré son ame sur les palmes et sur les trophées qu'il avoit érigées*(sic)* des dépouilles de la vanité (1); vous violez son tombeau et démentez sa réputation en démentant ce qu'il vous a faict naistre, et contrariant par le présent toutes vos belles actions du passé.

« Dieu vous avoit approprié à luy dès vos années les plus innocentes; vostre enfance n'a eu rien de foible ny vostre jeunesse de lascif; l'aage (P. 180 :) meur a tesmoigné de la vigeur à combatre les vices qui abbatent les géans; les voluptés n'ont jamais pris place en vostre cœur; l'or, qui est l'idole des avares, le corrupteur des vertus, n'a jamais esbranlé vostre constance; ces mains, que vous levez si souvent au ciel dans vos prieres, ont esté conservées nettes de toute corruption, et le cœur ne s'est point picqué du brillant de l'honneur qui sert de piege aux meilleurs esprits... O riche vaisseau qui estoit tout chargé de beautés, qui t'a faict eschouer en ce funeste havre? Les syreines et les monstres marins t'avoient donc espargné parmy tant de flots et tant d'esceuils pour te briser au port! Le génie de ce hault maistre que vous servez, le cajol, les artifices, les apparences ont prévalu sur la douceur de vostre esprit désarmé. Vous n'avez peu résister à ses complimens, vous n'avez peu vous deffendre d'un ennemy qui vous combatoit avec des roses.

« Je vous proteste devant Dieu que j'ay le cœur tout bon et que je ne pense pas estre capable de fomenter une haine et de loger la moindre inimitié. J'ay tousjours rendu le respect que je devois à la dignité de vostre maistre, mais je n'ay jamais esté admirateur de ses félicitez, ny idolastre de sa fortune. Ce n'est pas qu'on ne m'ait tenté, qu'on ne m'ait flatté et qu'on n'ait employé beaucoup d'attraicts pour me subjuger. J'en ayme davantage mes yeux, qui n'ont point esté esblouis de cet esclat, et mes oreilles, qui n'ont point donné passage à ces parolles charmantes. Je veux bénir cent

(1) Jean Sublet, père de François, était mort quelques années auparavant sous l'humble livrée des chartreux, au couvent de Notre-Dame de Vauvert-lès-Paris.

fois la main de mon bon ange qui rompit les chaisnes qu'on avoit préparé à ma liberté. Dieu faict nos desseins, et la félicité est un ouvrage du ciel. Je porte compassion aux cheutes d'autruy sans me glorifier de n'estre pas tombé.

« Mais encores qu'y a-t-il en la personne de ce ministre qui puisse convaincre un esprit formé, et luy persuader que c'est la gloire de Dieu, le zèle du bien public qui est le principe et le but de toutes ses actions? Je ne nieray point que je n'aye tenu à honneur d'estre estimé de luy, que je n'aye taché de rechercher soigneusement en moy mesme toutes (P. 181 :) les raisons qui pouvoient justiffier sa conduitte; mais il faut que je vous advoue que tout ce qui se peut alléguer est foible et n'a pas mesme la moindre apparence de vérité s'il n'est coloré du mensonge et appuyé de la passion...

« ... D'où vient que la réputation de vostre cardinal est noircye dans le sentiment de tous les corps et de tous les peuples et nommément dans l'esprit des gens de bien? Car ostez (P. 182 :) les poetes, qui sont ordinairement menteurs, les pensionnaires, qui sont tous esclaves, et les chiens muets, qui n'osent abboyer contre le pain qu'on leur jette, qui es-ce qui le loue et qui l'approuve, mais qui es-ce qui n'en parle avec horreur?... Contemplés les œuvres et les fruicts de ce ministre. Regardez comme il se comporte envers Dieu, envers luy mesme et envers le prochain. J'entends que vous estes fort ravy de sa haute piété et que vous en dites des merveilles à tout le monde; mais les preuves en sont fort stériles et presque invisibles. Sa naissance le portoit entierement à la vie séculière; l'intérest de sa maison et de sa personne l'a poussé dans l'Esglise. Il retient l'une par inclination et l'autre par apparence. Le bréviaire et luy sont deux choses incompatibles. Il ne paroist jamais aux esglises. La parolle de Dieu luy est annoncée dans sa chambre et débitée comme une cajollerie ou un entretien de comédie. J'ay veu des évesques le prescher en la ruelle de son lict, où il faisoit ses passetemps. Son confesseur tremble sous ses pieds, et nos sacremens ne sont point à son usage. D'où peut donc procéder cette grande opinion que vous avez de sa sainctеté? Es-ce parce que vous luy avez donné à lire les vies des béates (1), qu'il

(1) Je ne connais pas d'ouvrage qui porte ce titre.

dict les heures de la croix au lieu du bréviaire (1) et qu'il a parlé deux fois au R. Pere Bernard (2) ? Ne voyez-vous pas que c'est de cela qu'il faict ses récréations ? Estes-vous si peu versé dans la cognoissance des hommes que vous n'ayez peu pénétrer ses intentions là-dessus, qui ne tendent qu'à vous amuser ?

« J'ay trop de retenue pour juger de son intérieur. Ce n'est pas mon intention de le condamner, mais je scay de science certaine qu'il a faict rechercher soigneusement des livres impies contre Jésus-Christ et sa très saincte mere pour en orner sa biblioteque ; et comme un homme fort vénérable luy eut remontré qu'il seroit fort important d'estouffer ce monstre et punir jusques aux cendres d'un auteur si damnable, il tourna tout en risée. Et puis vous croirez qu'il [y] ait une vraye piété en une ame qui se prostitue à de telles curiositez. Mais ne voyez-vous pas, dictes-vous, comme il a humilié les hérétiques ? Et qui ne scait que tout ce grand évenement ne s'est faict que pour eslever sa (*sic*) monarchie, abbatre une idole pour en planter une autre sur ses ruines ? Car s'il y avoit en cela quelque estincelle de religion, il s'emploiroit généralement à hair et abbaisser les ennemis de Dieu et de son Esglise. Que sert de les combatre d'un costé, et de l'autre de les assister d'hommes et d'argent, leur (P. 183 :) donner des commendemens, leur préparer des throsnes et des couronnes (3). Appellez-vous cela une piété de seigner la France en toutes ses veines, escorcher le pauvre peuple pour fournir de l'argent aux infidelles qui exercent des sacrileges horribles et des cruautés inouyes sur les catholicques, et esteignent tant qu'ils peuvent ce qu'il y a de vraye reli-

---

(1) Ces prières et méditations en l'honneur de la croix ont été quelquefois imprimées en dehors des livres d'heures. M. Paul Lacombe en cite deux exemples, probablement du XVIe siècle, sous les articles 96 et 97 de son catalogue des *Livres d'heures imprimés au* XVe *et au* XVIe *siècle conservés dans les bibliothèques publiques de Paris* (1907).

(2) Claude Bernard, dit *le Pauvre prêtre*, ecclésiastique séculier mort en odeur de sainteté, en 1641, à Paris, où il avait passé la seconde partie de sa vie. Il était né à Dijon, de famille noble, en 1588. Personne, parmi ses contemporains, ne consacra des soins plus touchants au service spirituel et temporel des pauvres et des malades.

(3) Allusion à l'alliance de la France et des protestants de Hollande, de Suède et d'Allemagne contre la maison d'Autriche.

gion? Vous faictes grand estat de ce qu'il a faict bastir un portail d'un costé(1), et vous ne considérez pas que d'un autre il a ruiné six mil esglises.

« ...Que voyez-vous au reste de sa vie, sinon un ravage de passions, d'orgeuil et de convoitise, de concupiscence, qui sont les pestes fatales de nostre christianisme? Jamais ambition ne fut plus forte d'aisle, ny plus insolente que la sienne. Il s'estoit dévoué à l'Esglise, et au lieu d'y vivre selon sa profession, il s'est poussé à la cour par des voyes captieuses et violentes. Il a trahi et persécuté la reyne mère, abbaissé la reyne régnante, tourmenté tous les princes pour se saisir de l'esprit du roy, qu'il possede avec un empire redoutable à celuy là mesme qui l'a permis. Après cela, toutes les richesses de l'Esglise, tous les trésors du roy, tous les honneurs et toutes les charges ont esté le partage de sa maison, ses pompes, ses délicatesses et ses profusions, à un point qui n'avoit pas esté cogneu depuis la naissance de cette monarchie. Après tout, justifiez (2) un homme sorty d'une maison incestueuse (3) qui avoue pour le présent posséder deux millions de revenu.

« Si vous regardez la charité envers le prochain, qui est la vraye mesure d'un cœur chrestien, vous trouverez qu'il rapporte tout à soy mesme, et qu'il ne faict non plus d'estat du reste des hommes que s'ils estoient des papillons. Il casse les évesques, il dégrade la noblesse, il crache contre les pourpres, il brusle les parlemens à petit feu, il remplit tout de prisonniers et de bannis. Il employe tous les pouvoirs d'un grand royaume pour vanger ses injures;

---

(1) Le portail de l'église de la maison professe des jésuites, rue Saint-Antoine, à Paris, aujourd'hui l'église paroissiale Saint-Paul-Saint-Louis. Une inscription rappelait autrefois que l'église avait été construite par Louis XIII, la façade par Richelieu. V. Claude Malingre, *les Antiquités de la ville de Paris,* 1640, p. 662.

(2) Le copiste a écrit : *justiffier.*

(3) Est-ce une allusion aux mauvaises mœurs que l'on attribuait à Mme de Combalet, depuis duchesse d'Aiguillon, nièce du cardinal, ou aux débordements dont s'était rendu coupable, un demi-siècle auparavant, Antoine du Plessis, dit *le Moine*, grand oncle du ministre? Ces débordements demeurent seuls avérés, et l'on ne croit plus guère aux prétendus scandales que Tallemant et Gui Patin mettent à la charge de Mme de Combalet.

son gouvernement n'est plus qu'une escorcherie, l'obéissance qu'on luy rend un suplice, et la vie qu'on mene soubs luy un désespoir. Tous les cœurs seignent, tous les yeux pleurent, la France gémist, la chrestienté soupire, sans esmouvoir sa compassion. Jugez maintenant sy, parmy toutes ces considérations qui entrent à la foulle dans vos yeux, en vos oreilles, en vos pensées, vous pouvez encores estre malade d'une ignorance invincible.

« Je prévois comme vous parerez à ce coup. J'attends que vous produirez vostre conseil spirituel et les directeurs de vostre conscience, qui sont de mesme advis; mais considérez que deux ou trois personnes (P. 184:) ne font pas un ordre entier, et qu'en vain vous pensez estre appuyé dessus les sentimens de cette grande compagnie qui va d'un pole à l'autre (1). Si vous aviez consulté les plus avisez et les plus courageux, ils auroient desjà condamné ce que vous adorez ; mais vous prenez conseil de gens qui estiment que c'est une grande vertu de servir au temps plutost qu'à Dieu, qui a faict tous les temps, de se conserver en sa petite famille, de ne faire pas ce qu'on pense de meilleur pour la conscience, mais de plus utile pour son accomodement... Nous sommes en un temps où la théologie prend divers visages et parle facilement le langage de Ruel.

« ... Il n'y a point de confession qui vous lave, il n'y a point de sacrement qui vous justiffie tant que vous rendez des injustices comme par devoir et que vous faictes des crimes par profession. Le jour de Dieu, que vous fuyez, vous suivra de toutes parts à la séparation de l'ame d'avec vostre corps... Les bannis vous demanderont compte de leur patrie, les prisonniers de leur liberté, les vefves et les orphelins de leurs larmes, et les millions d'ames de leur sang.

« Fuyez donc, Monsieur, fuyez ce funeste séjour, rompez avec cette mauvaise compagnie, tranchez le cable, mettés les voiles au vent, singlez, volez, (P. 185 :) quittez tout pour vous posséder une bonne fois.

« Je vous escris cecy navré d'un traict de compassion ; et à mesure que ma plume me rend de l'ancre pour vous tracer ces lignes, mon ame vous distille son cœur. Ne mesprisez plus celuy qui

---

(1) La Société de Jésus, dont Sublet était l'ami et le protecteur.

vous ayme jusques au préjudice de sa vie et qui vous parle avec tant de liberté parmy les chaisnes. Le rayon de Dieu vous fera veoir quelque jour qu'on ne peut trop chérir les bons avis (1), dont la vérité est infaillible, la conduite salutaire, le mépris dangereux et la perte irréparable. »

III

Lettre du P. Caussin à M. de Tréville.

(Ms. de Louviers, p. 274-277.)

« Monsieur,

« J'apprens par les lettres de mes amys que vous estes le premier qui avez parlé au roy pour mon retour, sans craindre les rencontres espineuses des esprits fermes, ny les aversions manifestes de ceux qui mesurent la subcistance de leur fortune par la continuation de nos maux. Ce bon office m'est d'autant plus sensible qu'il estoit moins attendu de mon mérite, et qu'il n'est nullement affecté, puisqu'il part de vostre pure générosité. Tant d'autres font (P. 275 :) de petits bienfaicts avec une grande pompe de parolles : vous en faicies des plus grands et les couvrez par vostre silence ; vous donnés des ombres aux lumieres de vostre amictié en cachant ce que la recognoissance veult estre publié : quoy que vous faciez, vous n'effacerés jamais vos traces, qui portent les caracteres du Dieu des charitez. Je vous ay singulierement honoré aussitost que j'ay commencé à vous cognoistre, pour vos rares et précieuses qualitez, qui vous font estimer par une approbation universelle un des plus accomplis gentilhommes que la France possede. Mais surtout j'ay admiré vostre constance invincible, qui n'a jamais fléchy soubs cette puissance qui courboit les septres (*sic*) et abbatoit les couronnes : vos généreuses mains n'ont pas donné un seul grain d'encens à cette fausse divinité, lorsqu'elle recevoit les vœux et les adorations presque de tout le monde.

« La crainte n'a point eu d'empire sur vostre esprit, ny l'intérest d'amorce, ny l'honneur de crédit, et vous estes celuy sur qui la plus haute domination n'a peu asseoir de servitude. Il faut avouer que vous n'estes point composé des élémens de la cour, qui portent insensiblement les cœurs à courtiser et servir les plus heu-

(1) Faut-il lire : *amis* ?

reux, mais que vostre esprit est d'une nature toute céleste, qui prend de l'élévation par ses cheutes et qui tire de la clarté de ses éclipses. Tout courroit (1) à la flaterie : les prudens en faisoient une nécessité, les rusez un mestier, les dévots un point de conscience, et les effrontez mesme une vertu. Cependant, vous estes demeuré ferme parmy les soumissions des uns et les applaudissemens des autres, sans plier, ny sans louer, ce que vous ne pouviez faire sans offenser vostre honneur et blesser vostre conscience.

« Tout le monde s'estonnoit de vous veoir subcister à la cour dans cette conjoncture d'hommes et d'affaires, et on ne vous admiroit pas moins que la suspension de la terre, laquelle, soubs le dire d'un ancien, tombe tousjours pour ne tomber jamais. Celuy qui se nourrissoit de nos maux nous a faict enfin la faveur que le cyclope promettoit à Ulisses, qui estoit de le manger le dernier : l'ame quittoit son corps pourry d'ulceres et consommé de maladies, et la vengeance ne pouvoit encores quitter son cœur. Il employa le reste de ses forces à vous persécuter, et le roy montra bien qu'il ne pouvoit plus rien tenir lorsqu'il vous laissa aller, se contentant de tesmoigner le regret qu'il avoit de vous perdre, sans user de son auctorité pour vous conserver. Mais je scay bien de quel tempérament la nature vous a faict, (P. 276 :) puisque vous avez émoussé une dent qui cassoit tout, et que vous estes sorty d'un goulfre à qui rien n'eschapoit ; il ne peult (2) engloutir la proye, mais la mort l'a englouty et a finy vos maux au jour qu'il a pris sa fin. Vous estes retourné victorieux au mesme temps qu'on vous pensoit abbatu, et sans que vous fissiez autre effort que de souffrir vostre bonheur à combatre pour vous : toute la France s'en est resjouie, et ceux là mesme qui estoient encores prisonniers ou bannis ont oublié leur malheur pour applaudir à vostre victoire... Aussi estes vous vrayement digne de vostre bonheur, en ce que vous l'employez à procurer celuy des gens de bien, et que vous n'estes jamais content de vostre fortune si vous ne faictes celle d'autry (*sic*) ; vous avez incontinent songé à casser ma chaisne et me tirer de l'Océan armorique au bord de la Seyne...

« La response que vous fit Sa Majesté, vous disant que le temps n'estoit pas encores venu, nous tesmoigne assez qu'il a de la bonne

---

(1) Ne faut-il pas lire : *convioit* ?

(2) Il ne put.

volonté pour moy, mais qu'elle est captive, et qu'estant foible pour soy, elle ne peut estre assés puissante pour le soulagement des affligez. Je vous assure, Monsieur, que je ne puis consentir que l'on me mette en ce rang, car je vis très content en ce désert, m'estimant trop heureux de participer aux souffrances de mon maistre. Mais je plains ce pauvre prince, à qui, pour dire vray, je suis aucunement nécessaire, n'y ayant personne au monde qui luy ait dict les véritez qui concernent son salut avec plus de franchise ny plus de constance que moy : je crains que l'occasion ne se passe, et qu'en disant que mon temps n'est pas encore venu, le sien ne soit plus proche que tous ses bons subjects ne désirent. Je n'ose commettre à ce papier tout ce que je pense, mais (P. 277 :) j'ay peur qu'il ne me voye jamais (1) et que Dieu ne réserve mes services pour un meilleur aage et une puissance plus modérée, soubs laquelle j'espere vous tesmoigner que je suis [etc].

IV

Le manuscrit de Louviers.

Il est inscrit sous le n° 17 au catalogue des manuscrits conservés dans la bibliothèque de cette ville et se compose d'un volume in-folio de 483 pages, dont la reliure du XVIIe siècle, en veau, porte, sur les plats et au dos, les armoiries de la chartreuse de Bourbon-lès-Gaillon, à savoir l'écu du cardinal fondateur, le Charles X de la Ligue, sommé du chapeau à quatre rangs de *fiocchi* et de la croix archiépiscopale, — le cardinal de Bourbon était archevêque de Rouen. Sur les plats, cet écu surmonte une banderolle avec le nom : CARTVSIA·BORBONIENS[IS] (2). Le titre inscrit au dos par le relieur est celui-ci :

MEMOIR
DV P
CAVSSIN

(1) Le P. Caussin devait être bon prophète : Louis XIII mourut le 14 mai 1643, cinq mois après Richelieu (4 décembre 1642).

(2) Cet écu est reproduit au titre de l'ouvrage de M. F.-F. Alaboissette sur *la Chartreuse de Bourbon-lez-Gaillon*, 1887.

Les copies appartiennent à plusieurs mains. Elles ne sont pas toujours correctes. Nous avons déjà signalé et signalerons encore diverses fautes de lecture. On trouve même çà et là des mots laissés en blanc, ce qui permettrait de croire que ces copies ont été faites sur les minutes du P. Caussin ou sur de premières copies d'une écriture négligée, en tout cas loin des yeux de l'auteur.

Voici le contenu du volume.

1. — **Les Eloges des XII dames illustres grecques, romaines et françoises dépeintes dans l'alcove de la reine.** P. 1-14.

Sainte Hélène; Pulchérie, impératrice; Eudoxie, impératrice; Théodora, impératrice et régente de l'empire; Cornélie; Octavie; Mammea, impératrice; Placilla, impératrice; Blanche de Castille; Catherine de Médicis; Elisabeth d'Autriche, femme de Charles IX; Marie de Médicis. Elles sont représentées chacune dans l'action la plus marquante de leur vie, avec un accompagnement de devises latines appropriées. L'ensemble de ces compositions comprend douze tableaux, que l'auteur décrit pages 3 à 14.

J'ai copié tout entier le paragraphe consacré (p. 13 et 14) à la peinture de

« Marie de Médicis, reine et régente de France.

« *Altior una malis.*

« Dieu luy donna l'ame bonne, la main libérale et le cœur grand. Sa vie est une médaille à deux faces, où d'un costé l'on void Henry le Grand, le premier party de l'univers, des enfans sur les plus hauts throsnes de l'Europe, des thrésors, des pouvoirs et des gloires sans fin; de l'autre, on contemple des fleurs de lis qui se tournent en espines, une longue tissure de croix, des agitations sans nombre et des abandonnemens sans mesure : mais elle n'a jamais esté abandonnée de son cœur invincible qui brava son malheur, d'une dévotion tres constante qui luy fit prendre les plus rudes dispositions du ciel avec amour et respect, et d'une généreuse débonnaireté qui ferma sa bouche à la mort pour lui ouvrir le ciel.

« XII. TABLEAU.

« Elle est représentée en dévotion, levant les yeux et les mains au ciel devers une nuée qui est couronnée d'un arc-en-ciel. Au

bas de la nuē sort à demy Henry le Grand qui luy tend les bras. A l'autre costé du tableau sont deux nymphes pour représenter ses deux fortunes, l'une blanche et extremement belle, qui luy présente une couronne de roses, l'autre noire et triste qui luy monstre la couronne d'épines, avec la devise :

« *In utramque parata.* »

Blanche de Castille était figurée tenant saint Louis, « encore tout jeune, par la main, pour le mener à de grandes expéditions. L'ange de la France marche devant eux, les armées rebelles fuient et les Sarrasins sont escartez par la splendeur de la croix que l'ange tient en sa main. » (P. 11.)

A côté de Catherine de Médicis épousant le dauphin Henri II, on voit, dit l'auteur, la France et Florence « qui s'embrassent et se conjouissent de ce mariage ». (P. 12.)

Elisabeth d'Autriche, en prières près du tombeau de son mari, repousse « deux jeunes roys qui la recherchent en mariage » (1). (P. 13.)

Ces *Eloges des XII Dames illustres* ont été imprimés en 1646 et forment un opuscule dont le titre (2) est donné par le P. Sommervogel dans son édition de la *Bibliothèque de la Compagnie de Jésus* (3), mais dont je n'ai pu rencontrer d'exemplaire. Cet opuscule ne porte pas de nom d'auteur et n'est pas indiqué dans la liste des ouvrages du P. Caussin qui termine l'*Eloge* inséré en 1664 au tome premier de l'édition bruxelloise de *la Cour sainte* (4). Le P. Sommervogel n'affirme pas, d'ailleurs, que le P. Caussin soit l'auteur des *Dames illustres*; il demande seulement : « Cet ouvrage n'est-il pas du P. Caussin? » et fait remarquer qu' « on le trouve en tête du manuscrit » de Louviers.

Quel que soit l'auteur, on peut lui reprocher de n'avoir pas indiqué le lieu où se voyaient les peintures par lui décrites. Il

---

(1) Philippe II, roi d'Espagne, et Sébastien, roi de Portugal.

(2) « *Les Eloges des XII dames illustres grecques, romaines et françoises, depeintes dans l'alcove de la reyne.* A Paris, chez Jean du Bray, 1646. 4o. »

(3) *Bibliographie*, t. II, 1891, col. 922.

(4) Voir *supra*, p. 9 et 10.

s'agit vraisemblablement de l'appartement des reines-mères que Marie de Médicis avait fait aménager pendant sa régence, en 1613, et qui était situé dans le palais du Louvre, au rez-de-chaussée du corps de logis méridional, dans la moitié tirant vers le logis construit par Henri II. Il ne reste rien de ces décorations, dues aux peintres Dubois, Fréminet, Evrard et Bunel, et sur lesquelles les historiens ne donnent que de brefs renseignements, sans aucune mention des peintures de l'alcove, dont l'opuscule attribué au P. Caussin est seul à conserver le souvenir (1).

2. — Lettre du R. P. N. Caussin, de la C. de J., à une personne illustre sur la curiosité des horoscopes. P. 16-26.

Il appelle son correspondant « Monseigneur » et « Vostre Altesse ». Cette lettre, écrite postérieusement à 1648 (p. 22), fut imprimée en 1649, in-4°, sous le titre ci-dessus, avec l'indication : « A Paris, chez Denys Bechet et Jean du Bray. »

Sans condamner l'astrologie, qu'il déclare, p. 25, « une science très excellente », l'auteur s'élève contre les brouillons et les faussaires qui la déshonorent. Il termine ainsi : « Je diray mes sentimens plus au long dans le livre de la Maison de Dieu, ou des Merveilles du ciel, que j'espère donner au public dans quelque temps (2)... »

On lit ce qui suit dans les *Historiettes* de Tallemant des Réaux (3) : « Le Père Caussin est mort d'une bizarre manière. Il se mesloit d'astrologie et trouva qu'il devoit mourir un certain jour ; ce jour là, sans autre mal, il se met en son lict et meurt. »

3. — Le théologien d'Estat. A la reyne. P. 28-39.

Ecrit pendant la régence d'Anne d'Autriche, et même pendant la Fronde. Il y est question, p. 28, de l'investissement de Paris.

---

(1) Voir : Sauval, *Histoire et recherche des antiquités de la ville de Paris*, t. II, 1733, p. 34 (on sait que l'ouvrage fut écrit dès le commencement du règne de Louis XIV); — Clarac, *Description historique et graphique du Louvre et des Tuileries*, réimpression de 1853, p. 490-498 ; — Albert Babeau, *le Louvre et son histoire*, 1895. p. 117-118.

(2) *Domus Dei. In qua de mirabilibus cœli, totaque astrologia et vita cœlesti luculente et copiose disseritur*. Paris, 1650 (in-fol.).

(3) Ed. Monmerqué et Paulin Pâris, t. II, p. 30.

4. — **Le secret de la paix. A la reyne.** P. 44-56.

Ecrit également pendant la Fronde.

5. – **A Nostre Très Saint Pere le pape Urbain VIIIe.** P. 58-68.

C'est la traduction de la lettre originale, dont on trouve le texte p. 454 du recueil. Elle est datée (p. 68) : « A Keimper, le 10 février 1643. » .

L'auteur expose sa conduite durant son séjour à la cour, conduite qu'il suppose n'avoir jamais été présentée exactement au souverain pontife.

6. — **Au roy Louis XIIIe.** P. 68-72.

Après l'exil de l'auteur.

7. — **A la reyne.** P. 72-76.

Après la naissance du dauphin (5 septembre 1638).

8. — **Consolation à la reyne mere Marie de Médicis.** P. 77-94.

On sait que Marie de Médicis mourut à Cologne le 13 juillet 1642.

9. — **A Monsieur le duc d'Orléans.** P. 94-96.

« Je sors de la cour avec un regret de ne vous avoir peu rendre les bons offices qui sont si légitimement deubs à vostre haute naissance et à vostre singuliere bonté. » (P. 94.)

Il y a des copies de cette lettre à la Bibliothèque Sainte-Geneviève (ms. n° 788 du catal. Kohler) et à la Bibliothèque de Marseille (ms. n° 1325 du catal. Albanès).

10. — **A Monsieur le prince de Condé.** P. 97-103.

Avant le mariage du duc d'Enghien avec Claire-Clémence de Maillé-Brézé, nièce du cardinal de Richelieu (11 février 1641).

« ... Monsieur le cardinal ne vouloit pas auprès du roy un confesseur, mais un espion. » (P. 98.)

« ... Il y a longtemps qu'il court un bruit que V. A. prétend faire des alliances avec la maison de Monsieur le cardinal, ce que je ne pourrois croire si le temps, qui affoiblit les courages, ne fortifioit les créances des choses les plus estranges... Qu'a faict Monseigneur le duc d'Anguien, cet aymable prince, pour estre la vic-

time du cardinal de Richelieu? La jeune vigeur de son aage, encore inaccessible aux desbauches du siecle, la piété qui reluit en son ame, la vivacité de son esprit, la beauté de son corps, l'adresse de sa conduitte, sa valeur, son courage, toutes les graces et toutes les espérances qui rient sur son visage, ont-elles mérité un si piteux sacrifice?... » (P. 101.)

Ce passage a été publié par le P. de Rochemonteix dans son livre sur le P. Caussin, p. 376.

11. — A Monsieur le comte de Soissons. P. 103-109.

Pendant l'exil de Louis de Bourbon, comte de Soissons, tué à la bataille de la Marfée, le 6 juillet 1641.

Le cardinal de Retz, dans ses *Mémoires* (1), dit que le comte de Soissons « avait surtout commis le crime capital de refuser le mariage de Mme d'Aiguillon ». Le P. Caussin appuie sur ce souvenir : « On vous a tenté, dit-il, d'un mariage duquel les plus grands feroient à présent le comble de leurs vœux et leur souveraine félicité, et vous l'avez mesprisé, ayant plus d'esgard à ce que la nature vous avoit donné qu'à ce que la fortune vous offroit. On vous a promis ensuitte des montagnes d'or et des magazins de perles; mais vous les avés foullé aux pieds; on vous a voulu mettre la foudre et le trident entre les mains, vous faire un dieu sur terre et sur mer, si vous vouliez entendre à ce party, et vous vous en estes mocqué... » (P. 105.)

Les Mémoires du temps ne parlent pas des offres auxquelles fait ici allusion le P. Caussin, mais elles sont mentionnées très explicitement, t. I, p. 322, dans les *Anecdotes* tirées et traduites en 1717, par Valdory, du *Mercurio* de Siri. Il y est dit, entre autres choses, que Richelieu proposa au comte de Soissons de rétablir en sa faveur la charge de connétable supprimée en 1627 après la mort de Lesdiguières.

Il est parlé aussi longuement du même projet de mariage dans la lettre suivante adressée à la comtesse de Soissons (p. 110-111).

12. — Consolation à Madame la comtesse de Soissons. P. 109-126.

Cette lettre fut écrite à la comtesse de Soissons, Anne de Montafié,

---

(1) Ed. Feillet, t. I, p. 140.

veuve depuis 1612 de Charles de Bourbon, comte de Soissons, après la mort de leur fils unique, destinataire de la lettre précédente. La comtesse de Soissons mourut en 1644. Elle avait érigé à son mari et préparé pour elle-même un magnifique mausolée dans l'église de la chartreuse de Bourbon-lès-Gaillon (1).

Les pages 117 et 118 sont intéressantes pour l'étude des rapports journaliers du roi et de Richelieu. Le P. Caussin affirme la surveillance secrète dont le roi était constamment l'objet de la part des agents du cardinal.

13. — **A Monseigneur le cardinal de Richelieu.** P. 126-156.

L'auteur rappelle les circonstances qui accompagnèrent son départ de la cour; puis il s'efforce de justifier la conduite qu'il tint en qualité de confesseur du roi; enfin, prenant l'offensive, il critique vigoureusement toutes les actions et toutes les méthodes de gouvernement du cardinal. Cette lettre ne put qu'augmenter, s'il était possible, l'animadversion de Richelieu pour le P. Caussin, qui s'y montre par endroits d'une véritable insolence.

Lorsque cette lettre fut imprimée en 1773 (2), Bachaumont la crut apocryphe et déclara qu'il fallait y voir un moyen détourné de dire leur fait aux puissants du jour (3). D'autres, depuis, ont émis la même opinion, par exemple, Delepierre, dans ses *Supercheries littéraires* (4), et les rédacteurs des catalogues des livres imprimés de la Bibliothèque nationale (5). Le P. Sommervogel est « assez porté à croire cette lettre un pastiche, bien qu'elle paraisse vraisemblable quand on la compare à celles qu'on conserve à Louviers » (6). Il me semble que l'authenticité n'en peut faire question, et je suis tout à fait de l'avis du P. de Rochemonteix, qui reconnaît, dans « le ton, le style, le fond, » la marque du

---

(1) Voir Millin, *Antiquités nationales*, t. IV, 1792, art. XXXVIII.

(2) Voir *supra*, p. 2, note 1.

(3) *Mémoires secrets de Bachaumont*, éd. Ravenel, 1830, t. IV, p. 194-196.

(4) 1872, p. 84.

(5) *Biblioth. impér. Dép. des imp. Catal. de l'hist. de Fr.*, t. I, 1855, p. 605, col 2. — *Catal. gén. des livres imp. de la Biblioth. nat. Auteurs*, t. XXV, 1906, col. 138.

(6) *Biblioth. de la Comp. de Jésus*, t. II, col. 925.

P. Caussin (1). Déjà, bien avant que la lettre ne fût imprimée, le P. Gisbert (1657-1731) la mentionnait avec éloge et ne songeait nullement à en contester la paternité à l'écrivain dont elle porte la signature (2).

On constate quelques légères différences de rédaction entre le texte du manuscrit de Louviers et le texte imprimé en 1773. Il n'est donc pas sûr que ce soit le manuscrit de Louviers qui ait servi à cette édition. Le copiste auteur de cette partie du manuscrit avait commis une faute dès la première ligne : « Si vos oreilles étoient aussi accessibles aux *vertus* divines qu'elles sont ouvertes aux louanges humaines... » L'éditeur a plus correctement imprimé : « ... *vérités* divines ».

Une nouvelle édition de cette lettre a été donnée en 1874 par le P. Carayon dans ses *Documents inédits concernant la Compagnie de Jésus* (3).

14. — A Madame de Chevreuse. P. 156-162.

A Marie de Rohan-Montbazon, veuve du connétable de Luynes, femme de Claude de Lorraine, duc de Chevreuse. Sur cette femme célèbre, qui mourut en 1679, il est à peine besoin de renvoyer au

---

(1) *Op. cit.*, p. xv. — Pourquoi l'auteur ajoute-t-il : « Le P. Daniel, qui a publié la lettre à Mlle de la Fayette, croit, mais sans apporter aucune preuve, que la lettre à Richelieu ne lui fut pas envoyée » ? Le P. Daniel ne fait aucune allusion à cette lettre dans la brochure où il a publié la lettre du P. Caussin à Mlle de la Fayette (voir *infra*, nº 36).

(2) *Revue Bourdaloue*, 1902, p. 416. — L'éditeur de l'ouvrage de Gisbert, le P. Chérot, a été mal inspiré en ajoutant, dans une note : « Cette pièce a éte regardée comme un pastiche par Delepierre et Sommervogel. Elle manque, en effet, dans le manuscrit de Louviers. » L'opinion de Sommervogel, on vient de le voir, n'est pas aussi catégorique, et quant à la dernière affirmation, c'est une erreur qu'il eût fallu laisser au savant bibliographe.

(3) T. XXIII, p. 449-493 (d'après l'imprimé de 1773). Ce t. XXIII du recueil publié par le P. Carayon a été lui-même réimprimé en grande partie en 1886, sous le même titre, en vue de faire disparaître certaines pages empreintes d'un fâcheux esprit de polémique. La lettre du P. Caussin a, dans la réimpression, la même pagination que dans l'édition de 1874.

livre de Victor Cousin, que n'a pas fait oublier un ouvrage tout récent.

15. — **A Monseigneur le cardinal de la Roche-Foucauld.** P. 163-166.

A François de la Rochefoucauld, grand aumônier de France, évêque de Clermont, puis de Senlis, abbé de Sainte-Geneviève de Paris, cardinal depuis 1607. Le cardinal de la Rochefoucauld mourut le 14 février 1643, âgé de 88 ans.

16. — **A Monsieur Seguier, chancellier de France.** P. 166-174.

On trouve exprimée dans la *Vie* du président Barillon (nº 29 ci-après) la pensée du P. Caussin sur Pierre Séguier. C'est à propos du voyage forcé que quelques membres du parlement firent à Metz vers Louis XIII, en 1632. « M. Seguier, qui estoit au nombre des présidents, dit le P. Caussin, fit paroistre dès lors qu'il estoit homme capable de souffrir l'iniquité, et commença à marchander la domination par la plus basse des servitudes : le cardinal le jugea aussy mol que la cire pour recevoir l'impression de son esprit, ce qui luy fit donner les sceaux de France.» (P. 289.)

17. — **A Monsieur Desnoyers.** P. 175-185.

C'est la lettre à Sublet de Noyers dont j'ai publié ci-dessus la plus grande partie.

18. — **A Madame de Hautefort.** P. 185-194.

C'est l'héroïne de l'une des meilleures études historiques de Victor Cousin, Marie de Hautefort, fille de Charles, marquis de Hautefort, mariée en 1646 seulement au maréchal de Schomberg et morte en 1691. Le nom que lui donne le P. Caussin prouve que la lettre fut écrite avant 1646.

19. — **A Madame de Senecay** (*sic*). P. 194-202.

A Marie-Catherine de la Rochefoucauld, veuve depuis 1622 de Henri de Bauffremont, baron de Senecey, depuis 1626 première dame d'honneur d'Anne d'Autriche, à qui elle témoigna une grande fidélité. Elle mourut en 1677.

20. — A Monsieur le président Barillon. P. 206-218.

Jean-Jacques Barillon, président des enquêtes au parlement de Paris, mort prisonnier à Pignerol le 30 août 1645, est connu pour avoir été l'un des plus intrépides défenseurs des droits du parlement contre l'arbitraire du pouvoir royal. Mme de Motteville fait son éloge, mais dit qu'il avait naturellement l'esprit chagrin. Le P. Caussin a écrit la *Vie* du président Barillon (voir n° 29 ci-après).

21. — A Monsieur le président de Mesme. P. 218-228.

Autre champion, mais assez intermittent, du droit des cours souveraines, Henri de Mesme, président à mortier au parlement de Paris depuis 1621, mourut en 1650.

Cette lettre débute ainsi : « La nouvelle de vostre esloignement, qui afflige aujourd'huy la plus grande partie de la France, est le sujet de mes joyes... Les gens de bien vous cherchoient il y a long temps, non point au sénat, où la servitude domine, mais en exil, où les vertus se sont retirées... »

22. — A Monsieur le président Le Bailleul. P. 228-235.

A Nicolas de Bailleul (et non Le Bailleul), seigneur de Vattetot-sur-Mer, de Soisy-sur-Seine, d'Etiolles et du Tremblay-sur-Seine, marquis de Château-Gontier en 1656, président à mortier au parlement de Paris depuis 1627, surintendant des finances en 1643, bientôt dépossédé de cette charge par Mazarin et mort en 1662.

23. — Au Révérend Pere Sirmond. P. 235-250.

Jacques Sirmond, savant jésuite, né à Riom en 1559, mort à Paris en 1651, fut confesseur de Louis XIII après le P. Caussin. Il avait alors 78 ans. Divers recueils historiques publiés par lui ont conservé de la valeur.

La lettre du P. Caussin affecte un certain ton piquant, et le destinataire n'en dut pas être très satisfait. « La nouvelle qui m'apprit que vous m'aviez succédé à la charge de confesseur du roy partagea mon esprit à divers mouvemens de joye et de crainte, sans qu'il se peut (1) déterminer à prendre party... » (P. 235.)

(1) Se pût.

24. — Au Révérend Pere Seguerand. P. 250-265.

Gaspard de Seguiran, membre de la Compagnie de Jésus, avait été confesseur de Louis XIII de 1622 à 1626. Il mourut à Paris le 21 novembre 1644, recteur de la maison professe.

25. — Au Révérend Pere Suffran. P. 265-267.

Autre jésuite, qui avait été aussi confesseur de Louis XIII (1626-1630) et même de Marie de Médicis. Le P. Jean Suffren « resta attaché à la reine-mère, qu'il suivit en Belgique et en Angleterre. Il mourut à Flessingue le 15 septembre 1641, en passant avec cette princesse de Londres à Cologne, où elle allait chercher un asile. » (1)

26. — A Madame de Montmartre. P. 267-274.

A Marie de Beauvillier, abbesse de Montmartre depuis 1597. Elle mourut en 1656.

27. — A Monsieur de Ireville (lisez : Tréville). **P. 274-277.**

Voir ci-dessus, p. 273, le texte presque *in extenso* de cette lettre.

28. — A Monsieur le marquis de Molac. P. 277-280.

A Sébastien de Rosmadec, baron, puis marquis de Molac, gouverneur de Dinan, lieutenant général des armées du roi, mort en 1641.

29. — La vie de Monsieur le président Barillon. P. 282-305.

Biographie ou plutôt éloge biographique d'une victime de Richelieu et de Mazarin. La lettre n° 20 est adressée au président Barillon.

« ... Dieu, qui l'avoit doué d'une merveilleuse force d'esprit, luy fournit aussy des épreuves sortables à la grandeur de son courage. Il rencontra des temps amis de la flaterie, ennemis de la justice, odieux à toutes les vertus, terribles aux belles actions, où il y avoit plus à craindre d'une haute réputation que d'une mauvaise. Un favory aussy violent que grand, d'un esclave des passions estoit

(1) Les Pères de Backer, *Bibliothèque de la Compagnie de Jésus*, éd. Sommervogel, t. VII, col. 1697.

devenu le maistre des loix, et, abusant de la facilité de son prince, il ne vouloit point d'autre regle en l'Estat que le déreglement de ses volontez; il faisoit de sa vie un crime continuel, de son gouvernement une tyrannie, de l'ambition son dieu, de son avarice un gouffre, de la vengeance un mestier, de toute la France son patrimoine. C'est pour cela qu'il remplissoit les prisons de captifs, les terres estrangeres de bannis, les provinces de calamitez et la chrestienté de brigandages, de feu, de sang et de massacres. Ce luy estoit un jeu d'ensenglanter des échafaux, de tourmenter des roynes, de proscrire des princes et des princesses, d'abattre des mittres et de fouler aux pieds des pourpres. Je m'abstiendrois de parler de luy après sa mort, n'estoit que ses actions sont si criminelles qu'on se sanctifie en les blasmant, pour donner horreur à tous les grands de l'imiter, et que ses procédures ont esté sy publicques qu'elles levent tous les scrupules de médisance; ceux qui le canonisent sont foibles ou méchans, et ceux qui l'estiment heureux sont très misérables devant Dieu.

« Néantmoins, tel qu'il est, il ne laissa pas de trouver non seulement des approbateurs, mais aussy des adorateurs, semblables aux Œgiptiens qui portoient des chandelles et de l'encens aux crocodiles. » (P. 286.)

J'ai cru remarquer quelques inexactitudes dans le récit que fait le P. Caussin de certains événements. Il dit, par exemple, p. 289, que Richelieu fit attendre « près de trois mois » aux membres du parlement venus à Metz en 1632, le moment d'être reçus par le roi. En réalité, le roi les reçut au bout de trois semaines, ce qui était déjà une manifestation excessive de son mécontentement (1).

Il résulte du récit que le président Barillon fut exilé quatre fois : 1° en 1631, à Clermont en Auvergne (« mais il ne passa pas Saincte Mesme, qui est une terre de Madame sa sœur, et justement après quinze jours d'absence, M. de Roissy, son oncle, doyen du conseil, eust ordre de le rappeler et de le restablir en sa charge » ; p. 288) ; 2° en 1636, à Saumur, « où il demeura trois mois entiers » (p. 289) ; 3° à Tours et à Amboise. (Le cardinal de Richelieu « le fit emprisonner au chasteau de Tours, où la peste s'estant mise, il fut transporté en celuy d'Amboise, où il demeura captif l'espace de cinq

(1) Voir *Mémoires de Mathieu Molé*, éd. Champollion-Figeac, t. II, p. 139-140.

ans, cinq semaines et cinq jours » (p. 290). Son rappel fut décidé pendant la maladie du roi, mais n'eut lieu qu'après l'ouverture de la régence.) 4° Enfin, Barillon fut arrêté une dernière fois le 28 mars 1645 (p. 296).

Suivant une note d'Alphonse Feillet dans son édition des *Mémoires* de Retz (collection des *Grands écrivains de la France*, t. I, p. 198), Barillon aurait subi un autre exil à Evreux, exil qui prendrait place entre ceux de Saumur et de Tours.

La dernière captivité et la mort du président Barillon ont été racontées dans un opuscule du P. Antoine Rivière, prieur des Augustins de Pignerol, publié en 1649 (1).

30. — **Consolation à la France.** P. 305-350.

Long factum dont les premières pages sont consacrées à l'apologie de l'auteur.

31. — **De la forme du gouvernement.** P. 350-359.

Dissertation sur les devoirs d'un bon roi et sur la manière dont il doit gouverner.

32. — **Du choix des ministres et officiers.** P. 360-364.

33. — **Des tributs.** P. 365-371.

34. — **De la paix et de la guerre.** P. 371-385.

A propos de ces mémoires politiques, rappelons le chapitre de *la Cour sainte* intitulé *l'Homme d'Estat* (2) et la mention que fait le P. Lelong (3) d'un manuscrit du P. Caussin traitant *Des personnes desquelles les rois composent leurs conseils, des chanceliers, des gardes des sceaux, des surintendans des finances, des lettres-patentes, des intendans des finances.*

35. — **Consolation aux ames d'eslite qui souffrent la rigueur du temps.** P. 386-414.

C'est dans ce long discours que se trouve le « tableau » de Paris dont je donne le texte ci-après.

---

(1) In-4°. — Voir C. Moreau, *Bibliographie des Mazarinades*, t. I, n° 1030.

(2) Au t. II de la 14e édit. (Paris, 1639, 5 vol. pet. in-8).

(3) *Biblioth. histor. de la Fr.*, éd. Fevret de Fontette, t. III, 1771, n° 32406.

36. — **L'angélique bien de la vocation religieuse et de la persévérance. P. 415-454.**

C'est la lettre écrite par le P. Caussin à Mlle de la Fayette peu de temps après sa sortie de la cour, c'est-à-dire entre le 11 décembre 1637 et la mi-février 1638 (1), et dans laquelle, toujours pour justifier sa conduite, il rappelle tout ce qui s'est passé à l'occasion de l'entrée en religion de la jeune fille amie de Louis XIII. Le titre inscrit ici, et qui, si je ne me trompe, ne se trouve que là, fait allusion au nom de sœur Angélique que prit la postulante chez les Visitandines.

Il y a, dans les bibliothèques publiques et privées, beaucoup de copies de cette lettre, qui a été publiée en 1805 dans les *Souvenirs* apocryphes *de M. le comte de Caylus* (2), en 1816 par Jay, dans son *Histoire du ministère du cardinal de Richelieu* (3), et en 1861 par le P. Charles Daniel, dans une étude intitulée : *Une vocation et une disgrâce à la cour de Louis XIII* (4).

Quoi qu'en disent les auteurs de la *Bibliothèque de la Compagnie de Jésus* (5), la plus complète et la plus fidèle de ces éditions est celle de 1805, due à l'auteur des *Souvenirs* de Caylus, Antoine Serieys. Le P. Daniel a, sans le dire, supprimé d'assez longs passages, d'ailleurs inutiles, et modifié ou *arrangé* beaucoup de phrases. Jay, qui donne le texte presque *in extenso*, malgré son avertissement de la page 62 (6), ne s'est permis que de moindres libertés.

La phrase finale, presque toujours tronquée, doit se lire ainsi : « J'espère que vous ne m'oublierés jamais dans vos prières auprès

---

(1) Cette datation est celle du P. Ch. Daniel (p. 18), dans l'étude citée plus loin.

(2) Paris, an XIII-1805, p. 97-186.

(3) T. II, p. 307-346.

(4) *Une vocation et une disgrâce à la cour de Louis XIII. Lettre inédite* (elle ne l'était pas) *du P. Caussin à Mlle de La Fayette sur des faits qui les concernent l'un et l'autre.* Paris, 1861 (in-12). Extr. des *Études* publiées par des Pères de la Compagnie de Jésus, année 1861, p. 353-395.

(5) T. II, col. 924.

(6). T. II.

de Notre Seigneur, le premier des humbles qui, comme dit l'apôtre en son épître aux Philippiens, chapitre deuxième, s'est humilié jusqu'à la mort. » (1)

Victor Cousin, dans son livre sur *Madame de Hautefort*, a consacré à Mlle de la Fayette un long appendice (2), où le récit du P. Caussin joue son rôle, à travers la paraphrase du P. Griffet, l'historien de Louis XIII (3).

37. — **Pontifice optimo maximo.** P. 454-457.

C'est le texte original de la lettre à Urbain VIII dont on trouve une traduction sous le n° 5. Il n'y a pas ici la date, indiquée comme suit dans d'autres copies : « Corisopiti [Quimper], 10 februarii 1643. » (4)

38. — Lettre latine sans titre, qui occupe les pages 457 à 483. Elle est signée : « N. Caussinus » et datée de la manière suivante : « Corisopiti, martii 7°, anno Domini 1638. » Le P. Caussin n'était resté que deux mois à Rennes. Il eut l'ordre de se rendre à Quimper dès la seconde quinzaine de février 1638 (5).

Cette lettre est un mémoire justificatif adressé au général des Jésuites, le P. Mutio Vitelleschi. Les ennemis de la Compagnie de Jésus s'en sont emparés comme d'une arme au commencement du XVIIIe siècle, et l'ont publiée à diverses reprises, dans des ouvrages dont voici les titres :

a) *Tuba altera majorem clangens sonum, ad Sanctissimum D. N. papam Clementem XI, imperatorem, reges, principes, magistratus omnes, orbemque universum. De necessitate longe maxima reformandi Societatem Jesu.* Per eruditissimum dominum D. Liberium Candidum, s. theologiæ l. l. Argentinæ (6), 1714. (Pet. in-8.) — P. 571-604.

---

(1) Biblioth. nat., ms. n. acq. fr. 4201, p. 91 (copie du XVIIIe siècle). et texte publié par Jay.

(2) 1856. P. 307-422.

(3) Henri Griffet, *Histoire du règne de Louis XIII*. 1758, t. III.

(4) Ms. n° 3 de la biblioth. de Castelnaudary. (Catal. Couderc.)

(5) Le P. de Rochemonteix, *op. cit.*, p. 361.

(6) Strasbourg. L'impression eut lieu réellement à Utrecht, selon les auteurs de la *Biblioth. de la Comp. de Jésus*.

La *Tuba altera* est une seconde édition, augmentée, de la *Tuba magna mirum clangens sonum, ad Sanctissimum D. N. papam*, etc. (comme ci-dessus), publiée à Argentina (Strasbourg) en 1712 et qui ne comprenait pas la lettre du P. Caussin. Trois autres éditions suivirent, pour deux desquelles le nouveau titre de *Tuba altera* fut abandonné.

b) *Tuba altera majorem clangens sonum*, etc. (comme ci-dessus). S. l., 1715. (Pet. in-8.)

Je n'ai pu voir cette édition, indiquée dans la *Bibliothèque de la Compagnie de Jésus*, t. IV, 1893, p. 540.

c) *Tuba magna mirum clangens sonum*, etc. (comme ci-dessus). Editio tertia, correcta, aucta et priorum editionum adversus Huylenbroucquium Apologetica (1), in duos tomos divisa. Argentinæ, 1717. (2 vol. in-12.) — T. II, p. 310-343.

d) *Tuba magna mirum clangens sonum*, etc. (comme ci-dessus). Editio quarta, etc. (comme ci-dessus). Argentinæ, 1760. (2 vol. in-12.) — T. II, p. 310-343.

Malgré la concordance de la pagination avec la troisième, cette quatrième édition fut réellement une réimpression.

Liberius Candidus est le pseudonyme du P. Henri de Saint-Ignace, carme.

Il y aussi de cette lettre nombre de copies manuscrites et une traduction italienne publiée en 1762 (2).

---

(1) La *Tuba altera* contenait déjà un *Præloquium ad R. P. Alfonsum Huylenbroucq, e Societate Jesu*, qui avait répondu à la *Tuba magna* par des *Vindicationes* publiées en 1713. Cette réponse avait été réimprimée, avec des additions, en 1715, après la publication de la *Tuba altera*. Voir *Biblioth. de la Comp. de Jésus*, t. IV, 1893, p. 539.

(2) *Apologia del P. Niccolo Caussino, della Compagnia di Gesu, scritta per difesa di se stesso, al Padre Mutio Vittelleschi, proposito generale della medesima Compagnia, tradotta della lingua latina*. In Lugano; si vende in Venezia,... 1762. In-8°. (Nous empruntons ce titre au P. Sommervogel, *Biblioth.*, II, col. 920.)

IV

Tableau de Paris vers 1640.

(Tiré de la pièce nº 35 : *Consolation aux ames d'eslite qui souffrent la rigueur du temps.* — Pages 389-392 du manuscrit.)

« ... Quelqu'un dira que ce n'est pas la cour qui le mene, mais qu'il ne sçauroit respirer que dans l'air de Paris, et de fraische mémoire s'est trouvée une femme desgoutée qui a dict et publié que le jour qu'elle partit de Paris fut le dernier de sa vie et que son pais n'est pas capable de produire une seule belle pensée. Ce sont des délicatesses insuportables de certaines ames toutes fondues dans leur sensualité qui font parler un tel langage; car, à dire vray, quoyque la ville de Paris soit très célebre et qu'elle ayt quantité d'habitans qui sont pleins d'honneur et de bonté, toutefois il faut avouer que, selon le jugement des plus prudens politiques qui prescrivent la façon de bastir des villes, celles qui sont démesurément grandes ne sont ny utiles pour la santé, ny commodes pour le plaisir.

« Pouvons-nous trouver tant de contentement et de délices en un lieu où abordent (*sic*) à la foule toutes les meschancetez et les miseres du monde, où l'on respend tous les jours le sang humain, où l'ordure des impudicitez n'expire que des (P. 390 :) infections, où l'on ne fait que plumer des hommes et trasfigurer (*sic*) de la chair humaine, où tromper et voler est un commerce éternel, et où il faut marcher presque la moictié de sa vie comme dans une forest de brigands? La peste y est en toute saison, les crottes n'y seichent jamais, les piétons y sont escrazés, les gens de carosse à tous momens embarassez, et les cavaliers crottez jusques aux espaules. Il n'y a respect ny civilité pour les gens de mérite, qui sont ordinairement incognus, et gourmandez par des cocquins; les vertus sans argent seroient bien empeschées d'achepter un seul fer d'esguillette; la science se vend quelquefois à ceux qui en veulent le moins, et, s'il y a de la dévotion, les cloches en font une grande partye.

« En une mesme rue se rencontrent des prestres qui chantent des funérailles, et d'autres gens qui crient des choses ridicules; les plus pures beautez se trouvent avec des charettes chargées de boüe; les nopces et les enterements semblent jouer ensemble; le repos

des maisons est troublé par des clameurs et des bruits continuels; les visites sont de grands voyages, les affaires fascheuses et ingrattes, la chicanne misérablement embourbée; les lettres et les arts ont bien de la peine à se faire place avec des masses (1); les bourses y souffrent de la persécution, les vestemens n'y sont pas asseurez, et tels sont allez avec de bien longs manteaux en un sermont qui n'en n'ont rapporté que le collet. L'abondance est toute d'un costé, la faim et le désespoir regnent de l'autre. Le luxe des habits marche au milieu des haillons. La vanité s'enfle et se creve; à mesure qu'elle se produit, elle se mange; les personnes [vestues] de soye ont souvent des sergens en queue, et un petit esclat de parade empruntée couste une longue prison. Les gros poissons n'y cessent de manger les petits et trouvent enfin d'autres qui les dévorent. La nécessité sappe les grandes maisons, les débris des familles s'entresuivent, les affronteurs (2) (P. 391 :) se prennent dans leurs pieges, la disette se vange des excez de bouche, et le mespris punit la fausse gloire. Enfin, Paris est un grand gouffre de confusions presque irrémédiables, où la piété est souvent par artifice, la vertu par interrest, le vice par nature et la misere par nécessité.

« Et puis jugez s'il n'y a pas bien de l'ignorance et de la délicatesse en ceux qui font leur seconde vie d'un séjour si orageux. Ils disent qu'on y trouve tout ce que l'on veut pour la volupté, comme si nous devions vivre pour le plaisir sensuel, ainsy que des brutaux, nous qui sommes obligez d'en procurer la fuitte ou la modération. Mais tous ces chercheurs de plaisirs trouvent qu'à Paris on vend tout, on preste peu, l'on ne donne rien, et qu'il n'y a passetemps qui ne soit cher vendu, veu que, pour un peu de miel. il laisse souvent un tonneau d'absynte.

« Peut-estre aussy que le Cours (3) semblera regrétable à quelques-uns; mais quel passetemps de considérer une traisnée de carosses qui filent queue à queue, et de veoir là-dedans quantité de gens oisifs, avec une contenance négligée, qui n'ont autre affaire qu'à

---

(1) Allusion aux appariteurs portant des masses dont se faisaient précéder, dans les cérémonies publiques, les diverses facultés de l'Université de Paris.

(2) Les trompeurs.

(3) Le *Cours-la-Reine*, planté en 1616 par Marie de Médicis et devenu le rendez-vous de la belle société.

compter (1) les livrées des laquais, et manger des yeux tout ce qui se présente ? L'un se fait porter comme une idole, pendant que quelque flatteur luy donne de l'encens; l'autre monstre à sa mine qu'il est du nombre de ces amans qui gelent et qui bruslent dans une misérable fievre; il s'avance pour joindre le carrosse d'une maistresse dédaigneuse qui se mocque de luy. Tous les amours et toutes les haynes trottent sur les langues médisantes qui n'espargnent personne : on estudie les regards et les mines de tout ce beau monde, on fait des horoscopes sur les moindres pensées; après beaucoup de froides cérémonies, on retourne en la maison avec un désordre du repas (*sic*) et de la santé, du vent dans la teste et le cœur allumé d'amour ou de jalousie; l'envie se mesle à la traverse, et la curiosité de connoistre commence à faire haïr ce qui estoit auparavant inconnu. Je demande maintenant si l'on (P. 392 :) n'auroit pas sujet d'interdire la vie à ceux qui pensent qu'elle ne soit faite que pour cela. » (2)

TABLE DES NOMS CITÉS

---

(1) Le copiste a écrit : *conter*.

(2) Je suis heureux, en terminant, de remercier M. Hébert, conservateur de la bibliothèque publique de Louviers, dont l'aimable complaisance m'a facilité l'examen du manuscrit objet de mon étude.

Evreux, Imprimerie de l'Eure, 6, rue du Meilet. — G. Poussin, D^{r}.

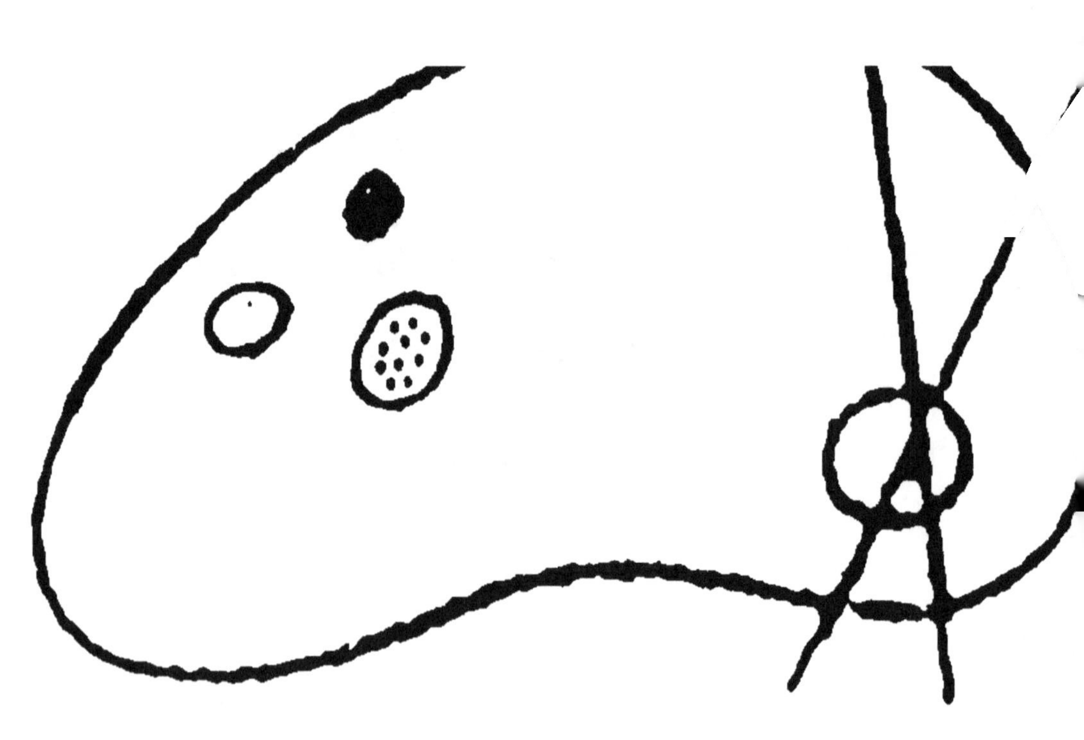

SOUS LOUIS XIII

FRAGMENTS INÉDITS

DES MÉMOIRES ET DES LETTRES

DU P. CAUSSIN

PUBLIÉS ET ANNOTÉS

PAR

Louis RÉGNIER

Richelieu, le P. Caussin, Sublet de Noyers et M. de Tréville. — Lettres du P. Caussin à Sublet de Noyers et à M. de Tréville. — Le manuscrit des Mémoires et des Lettres du P. Caussin conservé à Louviers. — Un *Tableau de Paris* vers 1640.

PARIS
ÉDOUARD CHAMPION
LIBRAIRE
5, quai Malaquais

ROUEN
A. LESTRINGANT
LIBRAIRE
11, rue Jeanne d'Arc

1915

SOUS LOUIS XIII

FRAGMENTS INÉDITS

DES MÉMOIRES ET DES LETTRES

DU P. CAUSSIN

AF561987